REFORMA ADMINISTRATIVA

Osvaldo Dalla Coletta

Economista CRE – SP n. 6.813

REFORMA ADMINISTRATIVA

Revisão de texto, projeto gráfico e diagramação: Eliane Otani

Dados Internacionais de Catalogação na Publicação (CIP)
(Câmara Brasileira do Livro, SP, Brasil)

Coletta, Osvaldo Dalla
    Reforma administrativa / Osvaldo Dalla Coletta. --
1. ed. -- Santo André, SP : Ed. do Autor, 2022.

    Bibliografia.
    ISBN 978-65-00-55318-5

    1. Administração pública 2. Brasil - Política
e governo 3. Democracia 4. Direito administrativo
5. Serviço público I. Título.

22-133608   CDD-35.08(81)

Índices para catálogo sistemático:

1. Brasil : Reforma administrativa : Serviço público
    : Direito administrativo   35.08(81)

Aline Graziele Benitez - Bibliotecária - CRB-1/3129

SUMÁRIO

DEFINIÇÕES

- **Voto distrital puro para cada município:** cada distrito eleitoral tem a mesma quantidade de eleitores e elege um representante legislativo para a Câmara Municipal (dos Vereadores). A quantidade de distritos eleitorais de cada município é o resultado da divisão do total de eleitores do município pelo total de vereadores do município. Os eleitores votam apenas em candidatos do distrito eleitoral a que pertencem. A Câmara Municipal elege um dos vereadores para ser o prefeito do município.

- **Voto distrital puro para cada estado:** cada distrito eleitoral tem a mesma quantidade de eleitores e elege um representante legislativo para a Câmara dos Deputados estaduais. A quantidade de distritos eleitorais de cada estado é o resultado da divisão do total de eleitores do estado pelo total de deputados da assembleia legislativa estadual. Os eleitores votam apenas em candidatos do distrito eleitoral a que pertencem. A Câmara dos Deputados estaduais elege um dos deputados estaduais para ser o governador do estado, assim como para o Distrito Federal.

- **Voto distrital puro para a Câmara dos Deputados (federais):** cada distrito eleitoral tem a mesma quantidade de eleitores e elege um representante legislativo para a Câmara dos Deputados federais. A quantidade de distritos eleitorais é o resultado da divisão do total de eleitores do país pelo total de deputados federais da Câmara dos Deputados federais. Os eleitores votam apenas em candidatos do distrito eleitoral a que pertencem.

- **Voto distrital puro para o Senado Federal:** cada distrito eleitoral tem a mesma quantidade de eleitores e elege um representante legislativo para o Senado Federal. A quantidade de distritos eleitorais é o resultado da divisão do total de eleitores do país pelo total de senadores do país. Os eleitores votam apenas em candidatos do distrito a que pertencem.

As definições das fontes de receita (arrecadação) para os governos federal, distrital, estaduais e municipais, respectivamente Contribuição Nacional Progressiva (CNP), Contribuição Distrital Progressiva (CDP), Contribuição Estadual Progressiva (CEP) e Contribuição Municipal Progressiva (CMP) estão detalhadamente descritas no livro Reforma Tributária do autor Osvaldo Dalla Coletta.

SISTEMA ADMINISTRATIVO

Instituição do parlamentarismo republicano com voto distrital puro.

O parlamentarismo republicano é um sistema administrativo e político de democracia representativa definido por um governo cuja autoridade deriva do consentimento do povo, no qual os cidadãos elegem representantes para agir em seu nome político. O sistema parlamentarista funciona melhor do que o sistema presidencialista por dois motivos: (a) um presidente da República eleito pelo Parlamento exerce apenas a função de representante do país e (b) o Poder Executivo é exercido por um primeiro-ministro, que é um parlamentar eleito pelos próprios parlamentares para exercer o Poder Executivo para governar o país, e, consequentemente, não há disputas de poder com outro Poder da República, como acontece no sistema político presidencialista, que gera disputas de poder entre o Poder Legislativo e o Poder Executivo, especialmente na elaboração e na execução do orçamento

anual. Quando a atuação executiva do primeiro-
-ministro para governar o país for insatisfatória,
os parlamentares destituirão o primeiro-ministro,
por meio de um voto de desconfiança, e elegerão
outro parlamentar como primeiro-ministro, sem
demora e sem trauma político, como acontece no
demorado e traumático processo político de impe-
dimento de um presidente da República no sistema
presidencialista. O parlamentarismo republicano
será também o sistema político do Distrito Federal,
dos estados e dos municípios. Os parlamentares
não poderão ser punidos quando divergirem das
orientações e dos encaminhamentos dos líderes
partidários antes de cada votação, para que não
haja interferência no livre exercício dos mandatos
parlamentares.

Finalidade do governo

A finalidade dos governos federal, distrital,
estaduais e municipais é arrecadar tributos para

prestar serviços exclusivamente à população; portanto, esses mesmos governos são proibidos de exercerem atividades empresariais comerciais após a aprovação dessa reforma administrativa. Assim, esses governos devem privatizar todas as suas empresas estatais comerciais, sem exceções, e também vender todos os seus imóveis, equipamentos, máquinas e veículos desnecessários à prestação dos serviços públicos às populações dos seus respectivos territórios.

Governo federal

O governo federal será constituído pelo gabinete do primeiro-ministro e pelos seguintes ministérios:

Ministério do Seguro Social

Planejamento e administração da Política Nacional de Seguridade Social, através do Instituto Nacional do Seguro Social (INSS). Planejamento e execução da Política Pública de Renda Básica Universal de um salário-mínimo para cada família, o qual substituirá o seguro-desemprego, as aposentadorias pagas com dinheiro público e os demais programas sociais atuais. É proibido haver fila de espera para o atendimento dos pedidos de renda básica universal de um salário-mínimo para cada família.

Ministério da Saúde

Planejamento e execução da Política Nacional de Saúde Pública, liderança e coordenação inte-restadual da Política Nacional de Saúde Pública, e fornecimento gratuito de vacinas e de remédios de uso continuado para o Distrito Federal e para os estados.

Ministério do Meio Ambiente

Planejamento e execução da Política Nacional Para a Proteção e a Preservação do Meio Ambiente, e repressão das atividades criminosas destruidoras do meio ambiente.

Ministério da Economia

Planejamento e execução da Política Econômica Nacional, administração da Receita Federal e do Instituto Brasileiro de Geografia e Estatística (IBGE).

Ministério da Justiça

Planejamento e execução da Justiça Estatal Federal, que receberá e julgará apenas os crimes federais passíveis de condenação à prisão, e administração da Polícia Federal e da Agência Brasileira de Informações (ABIN). Todas as ações não passíveis de condenação à prisão serão mediadas e arbitradas pela justiça privada, por meio das câmaras de mediação e de arbitragem instaladas nos municípios. Apenas os casos que não forem solucionados em duas audiências de mediação serão aceitos para serem submetidos à arbitragem. Crimes federais passíveis de condenação à prisão são apenas os crimes que atentam contra as pessoas e contra os patrimônios público e privado. Esses crimes são imprescritíveis e a condenação para eles é a reparação total dos danos causados. As demais atividades humanas, sem exceções, não são passíveis de condenação à prisão.

Ministério da Defesa

Planejamento e execução da Política Nacional de Defesa Interna e Externa e prestação de serviços de defesa específicos previstos em lei.

Ministério da Infraestrutura

Planejamento e execução da Política Nacional de Infraestrutura, liderança e coordenação interestadual da Política Nacional de Infraestrutura.

Ministério das Relações Internacionais

Planejamento e execução da Política Nacional de Relações Internacionais e planejamento e execução da Política Internacional e Nacional de Turismo.

Ministério da Ciência, Tecnologia e Inovação

Planejamento e execução da Política Nacional de Ciência, Tecnologia, Inovação e Ensino Profissionalizante.

Banco Central do Brasil

Responsável pelo planejamento e pela execução da Política Monetária Nacional, pela produção de papel-moeda e moedas metálicas, pela regulamentação e pelo monitoramento dos bancos nacionais, pela intervenção nos bancos nacionais em situações graves, pela vigilância do Sistema de Pagamentos Brasileiro (SPB), pela execução da Política Monetária Nacional e pela Política Cambial Nacional. As normas de transparência administrativa do banco Central do Brasil são iguais às normas de transparência administrativa do governo federal.

Supremo Tribunal Federal

Receber e julgar apenas as ações que envolvem questões constitucionais. As ações de crimes federais passíveis de condenação à prisão serão recebidas e julgadas pelas demais instâncias da Justiça Estatal Federal e as ações não passíveis de condenação à prisão serão recebidas, mediadas ou arbitradas pela justiça privada, por meio das câmaras de mediação e arbitragem municipais instaladas nos municípios. As normas de transparência administrativa do supremo Tribunal Federal são iguais às normas de transparência administrativa do governo federal.

Poder Legislativo

Elaborar e aprovar leis, modificar leis já existentes, revogar leis já existentes e governar o país por meio do primeiro-ministro. Quando o desempenho funcional do primeiro-ministro for insatisfatório, ele será destituído do cargo a qualquer tempo, sem demora e sem trauma político, pelos próprios parlamentares, por intermédio de uma votação que aprove um voto de desconfiança; em nova votação, será eleito um outro parlamentar como primeiro-ministro. Quando ocorrer uma crise política e o parlamento não conseguir a maioria dos votos necessários para eleger um parlamentar como novo primeiro-ministro, o presidente da República dissolverá o parlamento e convocará eleições gerais para a renovação do parlamento. O parlamento renovado elegerá um parlamentar como novo primeiro-ministro. As normas de transparência administrativa do Poder Legislativo são iguais às normas de transparência administrativa do governo federal.

Servidor público

Todos os servidores públicos serão admitidos necessariamente por intermédio de concursos públicos e nenhuma pessoa poderá trabalhar como servidor público sem antes ter sido aprovado por meio de concurso público ou ter sido eleito para exercer mandato em cargo público, de acordo com o previsto em lei, e, nesses casos, essas pessoas terão que escolher todos os seus auxiliares necessariamente entre os servidores públicos aprovados em concursos públicos. Portanto, ficam proibidos os chamados cargos de confiança, porque todos os servidores públicos aprovados em concursos públicos são de confiança.

Todos os servidores públicos terão trinta dias de férias por ano, sem exceções; férias essas que serão obrigatórias de serem usufruídas anualmente.

O valor total mensal da remuneração de todos os servidores públicos, sem exceções, será de, no mínimo, o valor equivalente a dois salários-mínimos e, no máximo, o valor equivalente a dez salários-mínimos. Para as pessoas que considerarem que esse valor máximo de remuneração é insatisfatório, há a opção de não trabalhar como servidor público.

É proibido utilizar veículos públicos para o transporte individual de servidor público, exceto nos casos previstos em lei por motivo de segurança. Todos os servidores públicos são proibidos de utilizar cartões de crédito e de débito corporativos. Os servidores públicos, sem exceções, que viajarem a trabalho receberão diárias de viagem e, no retorno da viagem a trabalho, deverão apresentar os comprovantes dos gastos anexados à prestação de contas dos gastos de viagem e, conforme o caso, receberão ou devolverão a diferença entre o valor total das diárias de viagem que receberam antes de viajar e o valor total dos gastos durante a viagem a serviço. O servidor público que for transferido para trabalhar em outra cidade receberá um mês de auxílio aluguel e esse valor será excluído do valor máximo remuneratório mensal. O servidor público só poderá ser demitido a bem do serviço público após a conclusão de um processo administrativo que garante o amplo direito de defesa ao servidor público.

- **Validade dessa reforma administrativa:** em razão do mandatório respeito ao direito adquirido de todos os servidores públicos já empossados nos seus cargos, essa reforma administrativa é válida apenas para os futuros servidores públicos que serão empossados nos seus cargos após a aprovação dessa reforma administrativa.

- **Direito adquirido:** é aquele proveniente de fato lícito consumado juridicamente e que não pode mais ser retirado do indivíduo, mesmo que nova lei o disponha de forma contrária. Isso significa que é um direito que uma pessoa conquista antes da mudança da lei.

Governo eletrônico

Implantação do governo eletrônico, com a utilização de algoritmos dotados de inteligência artificial, para automatizar todos os trabalhos administrativos do governo federal que ainda estejam sendo feitos manualmente por servidores públicos. O trabalho dos servidores públicos será fazer a entrada de dados, quando necessário, para que o sistema de processamento eletrônico produza e disponibilize todos os resultados que estão programados nos algoritmos dotados de inteligência artificial do sistema de processamento eletrônico, a fim de que sejam utilizados pelos servidores públicos na prestação de serviços públicos à população.

- **Algoritmo:** é uma sequência lógica de instruções para o sistema de processamento eletrônico produzir um determinado resultado. Por exemplo, para fazer o cálculo $2 \times 3 = 6$, o programador de computador escreve uma sequência lógica de instruções equivalente ao que se faz com uma calculadora manual quando se apertam as teclas (2), (x), (3) e (=), para se obter o resultado 6.

Transparência

Todos os gastos realizados com dinheiro público pelo governo federal terão que ser completamente transparentes e disponibilizados eletronicamente (on-line), com a descrição dos gastos para cada item e com o total gasto para cada item descrito. As descrições de cada item dos gastos públicos devem apresentar todas as informações necessárias para serem examinadas e auditadas por qualquer pessoa interessada. Informações adicionais podem ser solicitadas por qualquer pessoa e devem ser entregues ao interessado em até quarenta e oito horas após a solicitação. É proibido decretar sigilo sobre as informações das atividades administrativas do governo federal, sem exceções.

- **Fonte de receita do governo federal:** Contribuição Nacional Progressiva (CNP).

Governos distrital e estaduais

Os governos distrital e estaduais serão constituídos pelo gabinete do governador e pelas seguintes secretarias:

Secretaria da Saúde

Planejamento e execução da política distrital ou estadual de saúde pública, entrega gratuita de vacinas e remédios de uso continuado aos municípios, e coordenação intermunicipal dos programas distritais ou estaduais de saúde pública.

Secretaria da Economia

Planejamento e execução da arrecadação tributária distrital ou estadual, planejamento e coordenação da política econômica distrital ou estadual, e coordenação intermunicipal da política econômica distrital ou estadual.

Secretaria da Infraestrutura

Planejamento e execução da política pública distrital ou estadual de infraestrutura, e coordenação intermunicipal das políticas municipais de infraestrutura.

Secretaria da Ciência, Tecnologia e Inovação

Planejamento e execução da política distrital ou estadual de ciência, tecnologia, inovação e ensino profissionalizante.

Secretaria da Justiça

Planejamento e execução da Justiça Estatal distrital ou estadual, que julgará apenas os crimes distrital ou estaduais passíveis de prisão. As demais ações serão julgadas pela justiça privada, por meio das câmeras de mediação e de arbitragem instaladas em cada município. Apenas as ações que não forem solucionadas em duas audiências de mediação serão aceitas para serem submetidas à arbitragem. A Justiça Estatal distrital ou estaduais continuará contando com o apoio da Polícia Civil distrital ou estaduais. As Polícias Militares distrital e estaduais deixarão de existir, e os seus integrantes atuais serão transferidos para os municípios, a fim de integrarem a Polícia Civil municipal de cada município, de maneira proporcional ao número de habitantes de cada município. Os ex-policiais militares e os atuais integrantes das guardas-civis municipais receberão, em cada município, treinamento específico, a fim de serem preparados para atuarem como policiais civis municipais. Crimes distrital ou estaduais passíveis de condenação à prisão são apenas os crimes que atentam contra as pessoas e contra os patrimônios público e privado. Esses crimes são imprescritíveis e a condenação para eles é a reparação total dos danos causados.

As demais atividades humanas deixam de ser passíveis de prisão.

Governo eletrônico

Implantação do governo eletrônico, com a utilização de algoritmos dotados de inteligência artificial, para automatizar todos os trabalhos dos governos distrital ou estaduais que ainda estejam sendo feitos manualmente por servidores públicos. O trabalho dos servidores públicos será fazer a entrada de dados, quando necessário, para que o sistema de processamento eletrônico produza e disponibilize todos os resultados que estão programados nos algoritmos dotados de inteligência artificial do sistema de processamento eletrônico, a fim de serem utilizados pelos servidores públicos no trabalho de prestação de serviços públicos à população.

Transparência

Todos os gastos realizados com dinheiro público pelos governos distrital ou estaduais terão que ser completamente transparentes e disponibilizados eletronicamente (on-line), com a descrição de cada item dos gastos e com o total gasto para cada item descrito. A descrição dos itens dos gastos públicos deve apresentar todas as informações necessárias para serem examinadas e auditadas por qualquer pessoa interessada. Informações adicionais podem ser solicitadas por qualquer pessoa e devem ser entregues em até quarenta e oito horas após a solicitação. É proibido decretar sigilo sobre as informações das atividades administrativas dos governos distrital ou estaduais, sem exceções.

- **Fontes de receita dos governos distrital e estaduais:** Contribuição Distrital Progressiva (CDP) para o Distrito Federal e Contribuição Estadual Progressiva (CEP) para cada estado.

Governos municipais

Os governos municipais serão constituídos pelo gabinete do prefeito e pelas seguintes secretarias:

Secretaria da Saúde

Planejamento e execução da política municipal de saúde, e administração dos postos de saúde públicos municipais e dos hospitais públicos municipais. Os municípios que não têm hospital municipal utilizarão o hospital municipal do município mais próximo, mediante convênio.

Secretária do Ensino

Planejamento e execução da política pública municipal de escolaridade fundamental. A atual Secretaria da Educação deixará de existir, pois os responsáveis pela educação das crianças e dos jovens são os pais.

Secretaria da Economia

Planejamento e execução da política econômica municipal, e administração da receita municipal.

Secretaria do Trabalho

Planejamento e execução da política municipal de fomento do emprego e do trabalho.

Secretaria da Ciência, Tecnologia e Inovação

Planejamento e execução da política municipal de ciência, tecnologia, inovação e ensino profissionalizante, e elaboração do plano diretor municipal para cada período eletivo, com aprovação de cada obra pública, visando a garantir que apenas as obras públicas integrantes do plano diretor municipal sejam executadas, a fim de evitar gastos com obras públicas para atender a clientelismos políticos distritais.

Secretaria da Infraestrutura

Planejamento e execução da política municipal de infraestrutura pública.

Secretaria da Segurança Pública

Planejamento e execução da política municipal de segurança pública, por meio da Polícia Civil municipal, e administração do sítio prisional. Os criminosos do município condenados à prisão pela Justiça Estatal federal e estadual cumprirão as respectivas penas em prisão domiciliar, exceto os criminosos reincidentes que praticam atentados contra pessoas e contra os patrimônios público e privado. Esses criminosos reincidentes, enquanto estiverem presos no sítio prisional, serão compulsoriamente tratados, durante seis meses, por pregadores religiosos carismáticos, para convertê-los em pessoas benfeitoras. Se esse tratamento não der o resultado esperado, os criminosos reincidentes serão tratados por médicos psiquiatras, durante seis meses, por meio da terapia hipnótica. Se esse tratamento também não conseguir converter os criminosos reincidentes em pessoas benfeitoras, eles ficarão presos, fora de selas prisionais, nas áreas internas de sítios prisionais fortificados com cercas elétricas, até que o progresso do conhecimento humano encontre meios para convertê-los em pessoas benfeitoras ou até morrerem. Nesses sítios prisionais fortificados por cercas elétricas, os presos viverão por conta própria e receberão apenas assistência médica e odontológica, sem nenhum outro assistencialismo, e terão que plantar, cultivar, colher e preparar o próprio alimento, bem como realizar os demais trabalhos necessários à própria sobrevivência. Em cada sítio prisional, de cada município, haverá avisos escritos advertindo sobre o perigo de se aproximar das cercas elétricas e, de cada lado da cerca elétrica mortal, haverá duas cercas elétricas não mortais como advertências para que ninguém chegue até a cerca elétrica mortal e, consequentemente, seja eletrocutado. O choque elétrico da segunda cerca elétrica será mais forte do que o da primeira cerca, para reforçar a advertência, a fim de que o invasor não chegue até a cerca elétrica mortal e seja eletrocutado.

Os municípios que não tiverem sítios prisionais utilizarão o sítio prisional do município mais próximo, mediante convênio.

Secretaria da Justiça Privada

Autorização e fiscalização das câmaras de mediação e de arbitragem instalados no município, as quais receberão todas as ações que não sejam passíveis de condenação à prisão para mediação e arbitragem. Apenas as ações que já tenham sido submetidas a duas mediações serão aceitas para serem submetidas à arbitragem. As causas que são passíveis de condenação à prisão serão julgadas pela Justiça Estatal federal ou estadual.

Governo eletrônico

Implantação do governo eletrônico, com a utilização de algoritmos dotados de inteligência artificial, para automatizar todos os trabalhos dos governos municipais que ainda estejam sendo feitos manualmente por servidores públicos. O trabalho dos servidores públicos será fazer a entrada de dados, quando necessário, para que o sistema de processamento eletrônico produza e disponibilize todos os resultados que estão programados nos algoritmos dotados de inteligência artificial do sistema de processamento eletrônico. Esses resultados serão utilizados pelos servidores públicos para o trabalho de prestação de serviços públicos à população.

Transparência

Todos os gastos realizados com dinheiro público pelos governos municipais terão que ser completamente transparentes e disponibilizados eletronicamente (on-line), com a descrição dos itens dos gastos e com o total gasto para cada item descrito. A descrição dos itens dos gastos públicos deve apresentar todas as informações necessárias para serem examinadas e auditadas por qualquer pessoa interessada. Informações adicionais podem ser solicitadas por qualquer pessoa e devem ser entregues em até quarenta e oito horas após a solicitação. É proibido decretar sigilo sobre as informações das atividades administrativas dos governos municipais, sem exceções.

- **Fonte de receita dos governos municipais:** Contribuição Municipal Progressiva (CMP).

- Voto distrital puro, do parlamentarismo republicano.

- Direito de votar, para substituir o atual dever de votar.

- Mandato de cinco anos para todos os mandatos eletivos e proibição de reeleição para todos os mandatos eletivos.

- Aceitação de candidatos independentes sem filiação a partido político. Aceitação de candidatos independentes filiados a partidos políticos que, como pré-candidatos, não foram selecionados como candidatos pelas convenções partidárias para os cargos públicos de deputados federais, senadores, deputados estaduais e vereadores.

- Proibição de financiamento público e proibição de financiamento de pessoas jurídicas (empresas) para os partidos políticos e para as campanhas eleitorais.

- Permissão de financiamento de pessoas físicas para os partidos políticos e para as campanhas eleitorais até o limite máximo de dez salários-mínimos por pessoa física (por CPF).

- Instituição de eleições diretas, através de votação nas urnas eletrônicas de votação, após o encerramento das eleições municipais, ou através da internet, destinadas à eleição para o preenchimento dos seguintes cargos eletivos:

  - Ministro do Supremo Tribunal Federal.
  - Ministro do Superior Tribunal de Justiça federal, distrital e estaduais.
  - Desembargador dos Tribunais Regionais federal, distrital e estaduais.

- Procurador-geral da República distrital, estaduais e municipais.
- Delegado-geral da Polícia Federal.
- Diretor da Agência Brasileira de Inteligência
- Delegado-geral da Polícia Civil distrital, estaduais e municipais.
- Presidente das Agências Reguladoras.
- Presidente do Banco Central.

Os eleitores que votarão nas eleições citadas para eleger os ministros do Supremo Tribunal Federal e dos Tribunais Superiores e os desembargadores dos Tribunais Regionais são todas as pessoas formadas em ciências jurídicas, residentes nos territórios dos respectivos tribunais. Cada um desses eleitores tem o direito de ser candidato nessa eleição. Para a eleição dos procuradores-gerais, os eleitores são todos os procuradores lotados nos territórios das respectivas procuradorias, e cada um dos eleitores tem o direito de ser candidato nessa eleição. Para a eleição do delegado-geral da Polícia Federal e do diretor da Agência Brasileira de Inteligência, os eleitores são todos os policiais federais, e eles têm o direito de serem candidatos nessa eleição. Para a eleição dos delegados gerais das Polícias Civis distrital, estaduais e municipais, os eleitores são todos os policiais civis integrantes das respectivas Polícias Civis dos respectivos territórios, e cada um desses eleitores tem o direito de ser candidato nessa eleição. Para a eleição do presidente de cada Agência Reguladora, os eleitores são todos os profissionais do ramo de atuação de cada Agência Reguladora, e cada um desses eleitores tem o direito de ser candidato nessa eleição. Para a eleição do presidente do Banco Central, os eleitores são o ministro da Fazenda do governo federal, os secretários da Fazenda do distrito federal e de todos os estados, assim como os secretários da Fazenda de todos os municípios; cada um desses eleitores tem o direito de ser candidato nessa eleição.

Governo federal

O atual sistema político federal é o sistema presidencialista, com a possibilidade de o presidente da República ser reeleito uma vez. Nesse sistema político, o Poder Executivo é exercido pelo presidente da República, que governa de acordo com a Constituição federal, de acordo com as leis e o orçamento anual aprovado pelo Poder Legislativo.

Considerando que o poder real, o poder de fato, está com o Poder Legislativo, o sistema de governo presidencialista gera disputas de poder entre o Poder Executivo e o Poder Legislativo, especialmente para elaborar e para executar o orçamento anual; disputas estas que prejudicam a governabilidade do país.

O poder real está com Poder Legislativo porque é ele que elabora e aprova mudanças na

Constituição federal, excetuando-se as cláusulas pétreas, que elabora e aprova nas novas leis, que modifica leis já existentes e que revoga leis já existentes. São as leis que determinam o comportamento de todas as pessoas nas suas inter-relações sociais e institucionais. Em outras palavras, são as leis que determinam o comportamento de todas as pessoas no convívio social, assim como definem a maneira de o presidente da República governar o país, de os juízes julgarem e, inclusive, de os legisladores legislarem.

Governos distrital e estaduais

O atual sistema político do Distrito Federal e dos estados é semelhante ao sistema presidencialista do governo federal, com a possibilidade de os governadores serem reeleitos uma vez. Nesse sistema político, o Poder Executivo é exercido pelos governadores, que governam de acordo com os respectivos elementos: constituições distrital ou estaduais, leis e orçamentos anuais, todos aprovados pelos poderes legislativos correspondentes.

Considerando que o poder real está com o Poder Legislativo, o atual sistema de governo do Distrito Federal e dos estados gera disputas de poder entre o Poder Executivo e o Poder Legislativo, especialmente para elaborar e para executar o orçamento anual; disputas essas que prejudicam a governabilidade do Distrito Federal e dos estados.

O poder real está com o Poder Legislativo porque é ele que elabora e aprova as mudanças na Constituição do Distrito Federal e dos estados, que elabora e aprova novas leis, e que modifica e revoga leis já existentes. São as leis que determinam o comportamento de todas as pessoas nas suas inter-relações sociais e institucionais. Em outras palavras, são as leis que determinam o comportamento de todas as pessoas no convívio social, assim como definem a maneira de os governadores governarem, de os juízes distrital e estaduais julgarem e, inclusive, de os próprios legisladores legislarem.

Governos municipais

O atual sistema político dos municípios é semelhante ao sistema presidencialista do governo federal, com a possibilidade de os prefeitos serem reeleitos uma vez. Nesse sistema político, o Poder Executivo é exercido pelos prefeitos, que governam de acordo com os respectivos elementos: leis orgânicas municipais, leis e orçamentos anuais aprovados pelos poderes legislativos correspondentes.

Considerando que o poder real está com o Poder Legislativo, o atual sistema de governo dos municípios gera disputas de poder entre o Poder Executivo e o Poder Legislativo, especialmente para elaborar e para executar o orçamento anual; disputas estas que prejudicam a governabilidade dos municípios.

O poder real está com o Poder Legislativo porque é ele que elabora e aprova mudanças na lei orgânica municipal, que elabora e aprova novas leis, e que modifica e revoga leis já existentes. É a lei orgânica municipal e as demais leis que determinam o comportamento de todas as pessoas dos municípios nas suas inter-relações sociais e institucionais. Em outras palavras, são as leis que determinam o comportamento de todas as pessoas no convívio social, assim como definem a maneira de os prefeitos governarem, de os mediadores realizarem as mediações, de os árbitros realizarem as arbitragens nas câmaras de mediação e arbitragem da justiça privada municipal e, inclusive, de os próprios legisladores municipais legislarem.

SISTEMA ELEITORAL ATUAL

No atual sistema eleitoral:

- O eleitor tem o dever de votar e, se não justificar porque não votou, receberá punições pecuniárias (multas) e administrativas, como não poder se inscrever em concurso público, obter passaporte e carteira de identidade.

- As eleições são indiretas, porque são os partidos políticos que selecionam os candidatos para os cargos eletivos, a fim de que os eleitores votem em um deles.

- Não são permitidas candidaturas independentes de pré-candidatos filiados a partidos políticos que não foram selecionados como candidatos pelos convencionais dos partidos políticos. Também não são permitidas candidaturas independentes de pessoas que não são filiadas a partidos políticos.

- O custo é muito caro para os contribuintes tributários, porque se gasta cifras bilionárias de dinheiro público com o financiamento público dos partidos políticos e das campanhas eleitorais.

- É permitida a reeleição por uma vez. A reeleição é prejudicial à população, porque o presidente da República, os governadores e os prefeitos governam pensando nas respectivas reeleições e, consequentemente, deixam de fazer o que precisa ser feito para o bem da população no médio e no longo prazo.

Osvaldo Dalla Coletta
Economista CRE-SP n. 6.813

* 9 7 8 6 5 0 0 5 5 3 1 8 5 *